Gwedd... Cristion

gan

D. Ben Rees

Cyhoeddwyd yn wreiddiol gan
Cyhoeddiadau Modern Cymreig Cyf., Lerpwl
Argraffiad Cyntaf: Awst 1976
Ail Argraffiad: Awst 1978
Trydydd Argraffiad: Awst 1983
Pedwerydd Argraffiad: Medi 1987
Ail gyhoeddwyd gan Cyhoeddiadau'r Gair, 1997.

ISBN 1 85994 121 4
Argraffwyd yng Nghymru.

Dymuna'r Cyhoeddwyr gydnabod yn garedig
gyd-weithrediad y Parch D. Ben Rees.

Cyflwynedig mewn coffadwriaeth i'r gweinidog a'm cymhellodd i arwain
mewn cyfarfodydd gweddi:
Y diweddar Barchedig John Ellis Williams (1880-1959), Bethesda,
Llanddewi Brefi.

Cyhoeddwyd gan:
Cyhoeddiadau'r Gair, Cyngor Ysgolion Sul Cymru,
Ysgol Addysg, PCB, Safle'r Fenai,
Bangor, Gwynedd, LL57 2PX.

CYNNWYS

RHAGAIR

Galwad i Weddïo

Llyfrwerthwr yn Nyffryn Clwyd a'm cymhellodd i lunio'r gweddïau sydd yn y casgliad hwn am fod pobl yn gofyn yn gyson am gyfrolau tebyg i un y diweddar Barchedig R. J. Jones, Caerdydd a llyfryn blynyddol yr Annibynwyr, *Gweddïo*. Canllawiau ar gyfer y rhai sydd am alw ar enw yr Arglwydd yn addoliad cyhoeddus yr eglwysi ydyw'r gweddïau hyn yn ogystal â'r rhai a ddymuna eu darllen mewn defosiwn personol ar ddechrau neu ddiwedd dydd.

Y mae dirgelwch mewn gweddi - dirgelwch a fu'n destun ymchwil eneidiau mawr y canrifoedd ac yn fynegiant huawdl gan yr emynwyr o'r anturiaeth a'r alwad i nesáu at Dduw. Ef ydyw canolbwynt gweddi - gyda'r Anfeidrol y cychwynnir, ac y gorffennir yr ymbil, yr eiriolaeth a'r diolch. Ein hangen ni'r gweddïwyr ydyw'r angen am y doniau ysbrydol - Ffydd, Gobaith a Chariad i'n galluogi i weddïo'n daer a syml ar Dduw'r Tad mewn ymateb i wahoddiad yr Iesu.

Y mae angen i ddynion weddïo'n ddibaid a dyma geidw'r byd rhag mynd â'i ben iddo. Diolch am dystiolaeth a dylanwad gweddïau'r Cristnogion ar hyd y canrifoedd, ac am y gobaith diddarfod sydd i gymdeithas weddigar. Profwyd lawer tro o gymdeithas dioddefiadau Crist ar lwybr gweddi.

Gelwir arnom i weddïo. A mawr hyderaf y bydd y llyfryn hwn yn gymorth i lawer un agosáu at ei Dduw yn Iesu Grist.

D. Ben Rees,
Lerpwl.

1. Gweddi wrth Wely'r Claf.

Yn ein gwendid, O! Arglwydd ein Duw, yr agosáwn gan wybod am yr addewidion sydd ar ein cyfer. Diolchwn am yr addewid sydd yn yr Ysgrythurau ar gyfer y claf, a chofiwn yn awr gyda'n gilydd am weinidogaeth yr Iesu ymysg y cloff a'r anafus, y byddariaid a'r deillion ac anffodusion ein dydd.

> "Ti fu gynt yn gwella'r cleifion,
> Feddyg Da,
> Dan eu pla
> Trugarha wrth ddynion."

Cyflwynwn yn awr ger dy fron ein brawd (neu chwaer) sy'n orweiddiog ac mewn gwendid gan erfyn arnat, O! Arglwydd, i drugarhau ac i'w atgyfnerthu. Fe lefarodd ein Gwaredwr y geiriau hyn: "Myfi a ddeuthum fel y caent fywyd ac y caent ef yn helaethach." Ac mi gredwn nad yw'n rhan o ewyllys ein Tad i weld neb o'n hanwyliaid yn dioddef, ac felly gweddïwn o waelod calon am adferiad ein brawd (neu chwaer) . . .

Gweddïwn am i ni weld mwy o bartneriaeth rhwng meddygon daear a'r Meddyg Da, a diolchwn am bob darganfyddiad i laesu poen a blinder. Y mae afiechydon poenus sy'n dal i flino'r ddynoliaeth, a gweddïwn am i feddygon a llawfeddygon gael eu harwain i oresgyn yr hyn sydd yr awr hon yn ein poeni.

> "Llaw a deall dyn perffeithia,
> Er iachâd
> A rhyddhad.
> Nefol Dad, i dyrfa."

Ymddiriedwn o'r newydd yn yr Hwn sydd yn cysuro ac yn diddanu ei bobl, yr Hwn sy'n maddau pechod a bai. Bendithia, O! Arglwydd, bob sefydliad da a dyngarol sy'n cynorthwyo'r claf, a diolchwn am bob un a gysegrodd ei ddoniau i wella blinderau bywyd. Does neb yn debyg i Iesu Grist am ofalu, a hiraethwn ninnau am fod yn debyg iddo yn ein dyddiau. Ufuddhawn i'r Meddyg Da, a gofynnwn y cyfan trwy ei Enw Ef, Amen.

Darlleniad o'r Ysgrythur: Epistol Iago, pennod 5, adnodau 13-18.

2. Gweddi ar Ddechrau'r Ysgol Sul.

Mawrygwn y cyfle hwn, O! Arglwydd ein Duw, i blygu yn wylaidd gerbron gorsedd gras i ddiolch am orig i drafod yr Ysgrythurau. Mae yn y Gair oleuni i'n llwybrau, a gobaith i'n bywydau, a chawn gyfle i glywed o'r newydd am weithredoedd mawrion yr Arglwydd.

Cydnabyddwn nad oes yna gyfrol yn y byd sy'n debyg i'r Beibl. Er bod yn agos i ddwy fil o flynyddoedd er pan ysgrifennwyd ef, y mae mwy o sôn amdano a mwy o bobl yn ei brynu nag a fu erioed. Aeth y Gair ar led i bob gwlad yn y byd, a pha le bynnag y darllenir ef fe gyhoeddir newyddion da i'n byd. Dengys y ffordd i ni fyw'n dda, i wybod am Dduw sy'n Dad ac yn noddfa ac fel y mae Ef yn ein caru, a dengys hefyd y ffordd i farw trwy adnabod yr Arglwydd Iesu Grist.

Dywedwn gyda'r emynydd Elfed:

"Diolch iti am ddarluniau
Tywysogion bore ffydd;
Diolch iti am y salmau
I'n diddanu'r nos a'r dydd.
Diolch am y dewr broffwydi
Fu'n cyhoeddi d'enw glân,
A'u hanfarwol genadwri
Eto'n llawn o'r dwyfol dân."

Maddau i ni, O! Arglwydd ein Duw, am anghofio'r cysuron hyn mor aml, a ninnau fel pobl ag angen beunyddiol arnom am Air y Bywyd. "Gwir yw y gair ac yn haeddu pob derbyniad ddyfod Crist Iesu i'r byd i gadw pechaduriaid; o ba rai y pennaf ydwyf i." A deallwn hyn yn awr a ninnau ar ein gliniau'n erfyn am dy arweiniad i ni ar ddechrau'r Ysgol Sul.

Cadw ni yn dy law, a bugeilia ni trwy gydol ein trafodaethau yn ein gwersi, ac arwain y rhai sy'n hyfforddi plant a phobl ieuainc yn y gwirioneddau sy'n adeiladu ac yn bywhau'r had. Cyflwynwn ein hunain yn gyfan gwbl i'r Hwn a'n prynodd trwy ei Aberth drud, Iesu Grist ein Harglwydd. Amen.

Darlleniad o'r Ysgrythur: Eseia, pennod 55, adnodau 6-13.

3. Gweddi mewn Oedfa Weddi.

Dragwyddol Iôr, diolchwn am yr orig hon i blygu mewn gwylder a pharchedig ofn gerbron Gorsedd Gras gan wybod am y gofal a gawsom hyd y munudau hyn. Molwn dy gariad diollwng tuag at blant dynion am na ddinistriwyd y ddelw er i ni ei difwyno'n aml. Llanw ni â hyder ffyddiog ac â llawenydd a lifa drosodd at eraill yn ein plith.

Mawrygwn y cyfle hwn a'r llwybr arbennig y cerddwn arno, sef llwybr gweddi a defosiwn. Bu ein hynafiaid yn galw arnat:

> "Ein tadau a'th geisient: 'roeddet yno
> Ar rostir unig ac mewn carchar gell;
> Dy bresenoldeb a roes iddynt allu
> I ddwyn sarhad, i'th wasanaethu'n well."

Yr ydym ninnau yn yr oes hon yn dyheu am brofi o'r "rhinweddau" hardd sydd ym Mherson ein Harglwydd a'n Gwaredwr, Iesu Grist. Rho arnom ni nodau ei Weinidogaeth Ef, sef gofal am arall, awydd i gysuro'r llesg ac iachau'r claf a chodi calon yr unig a'r hiraethus. Yn ei allu Ef yr ydym yn barod i wynebu galluoedd peryglus y Tywyllwch a fedr ein hudo mor aml yn ddiarwybod inni.

Bendigedig fyddo dy Enw, O ! Dduw, am y modd y gosodaist i ni arfau i'n hamddiffyn rhag "pwerau'r fall" ac am y sicrwydd bod buddugoliaeth derfynol y Da a'r Sanctaidd wedi ei gwireddu ar y Groes.

Tro ein hofnau yn oleuni a phâr i'n swildod gael ei lwyr feddiannu gan y fraint o ddweud gair wrth arall am dy Deyrnas.

Cynorthwya ni ym mhob ryw fodd i ryngu dy Enw a dyro i ni yn wastadol o "oleuni dy wyneb". Diolchwn am addewidion y Gair ac am ei effeithiolrwydd. A dyhëwn ninnau o'r newydd

> "Gad im glywed sŵn dy eiriau,
> Awdurdodol eiriau'r nef"—

Yn enw Iesu Grist. Amen.

Darlleniad o'r Ysgrythur: Efengyl yn ôl Luc, pennod 15, adnodau 1-10.

4. Gweddi ar Ddechrau'r Ysgol Sul.

Bendigwn bob cyfle a estynnir i ni, O ! Arglwydd, i ymgynnull i wrando ar dy Air ac i'w dorri yn fân fel y medrwn ymborthi'n ysbrydol arno. Cofiwn eiriau'r Salmydd gynt:

"Cyfraith yr Arglwydd sydd berffaith, yn troi yr enaid: tystiolaeth yr Arglwydd sydd sicr ac yn gwneuthur y gwirion yn ddoeth."

A diolchwn fod yna ragor o addewidion na hynny i ni, ddeiliaid yr Ysgol Sul:

"Deddfau yr Arglwydd sydd uniawn yn llawenhau y galon: gorchymyn yr Arglwydd sydd bur, yn goleuo y llygaid."

Sylweddolwn mai er mwyn adeiladaeth cymeriad a phersonoliaeth y gwelodd yr arloeswyr y sefydliad hwn. Gwireddwyd dyheadau Thomas Charles o'r Bala ganwaith ar hyd y blynyddoedd a gwelsom ddynion a merched yn olau yn y Gair ac yn deyrngar i'r Achos. Parhâ, O ! Arglwydd grasol, i lwyddo'r gwaith hwn, ac i ddysgu pob eglwys i weld yr Ysgol Sul fel llawforwyn yn ei thystiolaeth.

Rho dy gymorth yn awr i bawb sydd yn arwain gyda'r gwaith hwn yn y Gymru gyfoes. Diolchwn am ymroad Cyngor Ysgolion Sul Cymru, am yr Wythnos Haf flynyddol sy'n gyfrwng gweledigaeth, am bob un a fu'n flaengar gyda'r gwaith yn darparu llawlyfrau a llenyddiaeth bwrpasol, ac am sêl athrawon pob oes. Bydded iddynt hwy a ninnau amddiffyn y cyfrwng hwn a gwahodd yr esgeulus yn ôl i lwybrau'r Gair. Credwn ni yn awr ger dy fron:

"Am yr Ysgol rad Sabbothol,
Clod, clod i Dduw !
Ei buddioldeb sydd anhraethol;
Clod, clod i Dduw !
Ynddi cawn yr addysg orau,
Addysg berffaith Llyfr y llyfrau:
Am gael hwn yn iaith ein mamau,
Clod, clod i Dduw !"

Gwrando arnom yn ein taerineb, a chysegra bob nwyd a phob dawn i waith yr Iesu, yr hwn a'n dysgodd i gyd-weddïo, "Ein Tad . . ."

Darlleniad o'r Ysgrythur: Yr Epistol at y Rhufeiniaid, pennod 1, adnodau 16-25.

5. Gŵyl Ddiolchgarwch.

Ein Tad trugarog, a rhoddwr mawr bywyd, edrych arnom yn dy
dosturi. Mawrygwn y cyfle arbennig hwn i agosáu atat yn ein diolch
a'n llawenydd. Y mae pob oedfa yn oedfa o ddiolch, ond
sylweddolwn hefyd mai buddiol yw i ni osod o'r neilltu Ŵyl y Diolch.
Cydnabyddwn felly wyrth y greadigaeth, ac mai Tydi ein Tad yw'r
Creawdwr. Y mae'r greadigaeth yn dy foliannu yn wastadol:

> "Gwellt y maes a dail y coed
> Sy'n ei ganmol Ef erioed;
> Popeth hardd o dan y nef,
> Dyna waith ei fysedd Ef."

Maddau i ni ddynion, coron dy greadigaeth, am fod mor glustfyddar
ac mor ddall i'r hyn sydd o'n hamgylch. Cymerwn gymaint yn
ganiataol ynglŷn â'r bydysawd ac ynglŷn â'n cynhaliaeth. Argyhoedda
ni, feidrolion, mai Tydi sy'n cynnal y cyfan, a bod colofnau'r ddaear
yn ddi-sigl a chadarn. Wrth fyfyrio arnat fel Duw'r Creawdwr a Duw'r
Cynhaliwr ni fedrwn ond dweud:

> "Rhyfedd wyt, O ! Dduw, bob awr
> Yn egluro d'allu mawr:
> Wrth dy draed, O ! dysg i mi
> Beth wyf fi, a phwy wyt Ti."

Ond fe wyddom hefyd, O ! Dad, mai Tydi sydd yng ngofal
"rhagluniaeth fawr y nef". Ac er i ni yn aml fethu dirnad y
rhagluniaeth honno, gwyddom bod yr emynydd, Dafydd Charles,
Caerfyrddin, yn llygad ei le wrth weld "ei dryswch mwyaf" yn "drefen
glir". Diolch am drefnu a chyflawni a bod "llywodraeth faith y byd"
yn dy law.

A ninnau yn awr yn dwyn ein rhoddion atat yn ein diolch, dwysbigir
ni gan dy gariad tuag atom yn anfon dy unig-anedig Fab i'n byd "fel
na choller pwy bynnag a gredo ynddo Ef ond caffael ohono fywyd
tragwyddol." Diolchwn am y bywyd hwnnw sy'n egluro ein bywydau
ni, ac sy'n gwneud ein Gŵyl yn Ŵyl y "newyddion da". Derbyn, O !
Dad, ein diolch fel dy blant a chymer ofal ohonom fel eglwys, fel
teuluoedd, fel cymdeithas ac fel ardal yn nhymor y cynhaeaf. Yn
enw'r Rhodd Fawr, Iesu Grist, Amen.

Darlleniad o'r Ysgrythur: Salm 104.

6.   Gŵyl Ddiolchgarwch.

"Fy enaid, bendithia yr Arglwydd; a chwbl sydd ynof, ei enw sanctaidd Ef." Diolchwn am y bendithion a'r doniau da a ddarparwyd ar ein cyfer y flwyddyn a'n gadawodd, am fedru hau a medi, a chasglu i ddiddosrwydd ysgubau'r cynhaeaf. Ein cred ni ydyw mai:

"Tydi yn dy nefoedd aeddfedodd y grawn,
Tydi roddodd ddyddiau'r cynhaeaf yn llawn."

Diolchwn hefyd am gynhaeaf ym myd dynion ac am i'r ddawn greadigol ym mywyd dynion esgor ar ofal ac iechyd i lu o'n pobl. Ym mhob byd y mae gennym le i ddiolch, yn y byd meddygol a'r byd gwyddonol, ym myd diwylliant a diwydiant, ym myd llywodraeth leol ac ym myd y llywodraeth ganolog. Gwelsom gysgod o'r daioni mwy yn y cynhaeaf hwn, a thystiwn mai Efengyl Crist a gyffyrddodd â'r gweithwyr cymdeithasol. Ef sy'n galw dynion i ymgeleddu ac i ddarparu at "raid dynolryw."

Diolchwn hefyd am gynhaeaf yr ysbryd a'r enaid. "Y meysydd sydd yn wynion i'r cynhaeaf a'r gweithwyr yn an-aml" oedd geiriau Arglwydd y Cynhaeaf. A hyn yw'r gri yn ein dyddiau ni. Ond gorfoleddwn am bob enaid ac unigolyn a welodd y "goleuni sy'n goleuo'n ffyrdd" ac a dderbyniodd yr Arglwydd Iesu Grist yn Arglwydd Bywyd. Gwelsom ninnau yn ein cylch ni arwyddion o'th ofal, a gwelsom ddynion a merched yn clodfori'r Enw ac yn "ymffrostio yn yr Arglwydd." Cynhaeaf ysbrydol dy Eglwys di ydyw hyn i gyd a theimlwn yn wan ac yn ddi-nerth heb gwmni ac arweiniad yr Hwn biau'r gwaith. Pleser a hyfrydwch i ni ydyw gweithio yn y cynhaeaf hwn, a dyro i ni ras i baratoi ar gyfer cynhaeaf y maes a chynhaeaf gallu ac ymroddiad dyn, a chynhaeaf yr Efengyl sy'n dwyn ffrwythau'r Ysbryd i ni: Ffydd, Gobaith, a Chariad. Y mae ein ffydd a'n gobaith yng nghariad yr Arglwydd Iesu Grist, yr Hwn a'n dysgodd i weddïo gyda'n gilydd: "Ein Tad . . ."

Darlleniad o'r Ysgrythur: Efengyl yn ôl Marc, pennod 6, adnodau 34-44.

7.   Gweddi am yr Eglwys.

Ni allwn, O ! Arglwydd ein Duw, yn y cyfarfod arbennig hwn, beidio
â chanmol yr hyn a wnaethost i'r ddynoliaeth yn Iesu Grist, Pen mawr
yr Eglwys. Dyma'i gymdeithas ddioddefus Ef, a thrwy'r gymdeithas
hon y datguddir eto y gwirionedd sy'n rhyddhau dynion o gyfeiliorni
eu ffyrdd, ac yn ein gwneud ni'n aelodau o'i Gorff Ef ac yn fwy eofn
ein tystiolaeth.

Nid yr adeilad hwn sy'n bwysig, er ein bod yn gwybod i lawer
bendith ddod i ni yn yr adeilad hwn a godwyd gan aberth a dycnwch
ein tadau a'n teidiau. Ond pa le bynnag y mae dau neu dri wedi
ymgynnull ynghyd eto yr wyt Ti yn y canol. A dyna yw'r Eglwys. Y
mae'r Eglwys lle bynnag y daw dy ddisgyblion at ei gilydd. Ac yn y
cychwyn cyntaf, yng nghanol dicter a llid yr awdurdodau Rhufeinig,
gwelwyd yr eneidiau hoff cytûn yn dy addoli mewn ogof a chartref.
Llithrent yno rhag ofn i'r milwyr a'r gwylwyr eu gweld. Ac y mae'n
debyg o hyd mewn rhannau helaeth o'r byd. Anodd i ni ydyw
synhwyro a deall llawenydd ein cyd-Gristnogion sy'n cyfarfod heb
ganiatâd y Wladwriaeth mewn addoliad. Ar ôl cyrraedd a chyfarch ei
gilydd fe ddechreua'r gwasanaeth. Ac nid oes gwell ffordd i ddechrau
oedfa na distawrwydd. Mewn distawrwydd mae yna gân a hiraeth a
dwyster. Awr dawel ydyw'r awr hon.

> "Yn y dwys ddistawrwydd,
> Dywed air, fy Nuw;
> Torred dy leferydd
> Sanctaidd ar fy nghlyw."

A gwyddom dy fod ti yng nghanol dy gysegr; a sylweddolwn hefyd
mai'n hymateb ni ydyw: "gwybyddwch mai myfi sydd Dduw;
dyrchefir fi ymysg y cenhedloedd, dyrchefir fi ar y ddaear." Trwy
gyfrwng y Gair a'r salmau, trwy gyfrwng y weddi hon a gweddïau dy
ddisgyblion, caniatâ i ni y fendith honno na allwn fforddio ei cholli. Yn
dy enw. Amen.

Darlleniad o'r Ysgrythur: Epistol Cyntaf at y Corinthiaid, pennod 12,
adnodau 12-31.

8.   Gweddi ar Wener y Groglith.

Arglwydd, rwy'n penlinio yn ymyl dy Groes ac yn methu deall y cwbl. Yr wyf am ddeall ond y mae bywyd yn rhy fyr i ddeall y cwbl a'r cyfan a ddigwyddodd ar Galfaria fryn.

"Rhy fyr yw tragwyddoldeb llawn
I ddweud yn iawn amdano."

Maddau i ni, O ! Arglwydd, ein bod ni, dy ddisgyblion heddiw, mor debyg i'th ddisgyblion di ar brynhawn y croeshoelio. Cynorthwya ni o'r newydd i beidio byth â'th anghofio yn dy ddioddefaint, na chwaith ddianc i arbed ein croen a'n cysur, a'th wadu gerbron ein cymdogion a'n cyfeillion. Cynorthwya ni i beidio byth â bychanu teyrngarwch y rhai a arhosodd, y gwragedd, y fam, Mair, a'r rhai a welodd ynot ogoniant y tragwyddol yn hongian ar Groes. Boed i eiriau'r lleidr edifeiriol, "Cofia fi pan ddelych i'th Deyrnas", lynu yn ein cof, a geiriau'r canwriad, "Yn wir yr oedd hwn yn ŵr cyfiawn", ein calonogi i efengylu ym mhob man.

Cynorthwya ni yn dy gariad haelionus. "Cariad mwy na hwn nid oes gan neb; sef bod i un roi ei einioes dros ei gyfeillion." Bu'r Iesu fyw a marw drosom — rydym ni i geisio byw drosto Ef yn y byd. Ac yng Nghariad yr Iesu croeshoeliedig yr wynebwn ni ar fywyd: canys y mae Cariad Crist yn ein cymell ni, "Ac efe a fu farw dros bawb, fel na byddai i'r rhai byw fyw mwyach iddynt eu hunain, ond i'r hwn a fu farw drostynt, ac a gyfodwyd."

Yng nghanol trasiedi'r Groes, fe welwn obaith a chysur a gorfoledd yn ffrydio'n llawn fel lli. Enillodd yr Iesu i ni bob braint a bri, ac fe orchfygwyd Angau a'r bedd a phechod balch yn y cyfamod hedd ac ym muddugoliaeth ei Groes. Dechreuwn ar y dydd cysegredig hwn arddel yr iachawdwriaeth sydd yng Nghrist Iesu a'i Groes, a dechreuwn hefyd ar y mawl na flinir ar ei flas,

"Am Iesu'r aberth hedd—
O ! ryfedd ras !"

Yn enw Gwaredwr y byd ac yn ei haeddiant. Amen.

Darlleniad o'r Ysgrythur: Efengyl yn ôl Luc, pennod 23, adnodau 13-21; 33-47.

9. Gweddi ar y Sulgwyn.

Ysbryd tragwyddol, yr hwn a ofalodd am drefn bywyd o ddechreuad y byd, erfyniwn arnat am i ni brofi o'th allu ac o'th gynhesrwydd. Gwyddom bod yr Ysbryd Glân i'n cynorthwyo ac iddo ar hyd y canrifoedd ddefnyddio'r Cymry yn offerynnau iddo. Sonia un o'n beirdd am yr hyn a ddigwyddodd yng Nghymru:

"A bu'r Ysbryd Glân yn nythu fel colomen yn dy goed."

Gweddïwn am i'r Ysbryd Glân ein meddiannu heddiw, ac i ni brofi a derbyn o ffrwythau'r Ysbryd i'n bywhau a'n glanhau a'n puro. "Eithr ffrwyth yr Ysbryd," meddai'r Epistol at y Galatiaid, "yw cariad, llawenydd, tangnefedd, hirymaros, cymwynasgarwch, daioni, ffydd, addfwynder, dirwest." A chofiwn eiriau eraill yr epistol hwnnw: "Os byw yr ydym yn yr Ysbryd, rhodiwn hefyd yn yr Ysbryd."

Ac er mai methu byw yn yr Ysbryd a wnawn mor aml, eto ein gweddi ydyw: "Tyrd, Ysbryd Sanctaidd, ledia'r ffordd," a bydd i ni yn gyfarwyddyd, ac yn ddiddanwch arhosol. Pan fyddwn yn amheus o eraill, cynghora ni; pan fyddwn yn wan ac yn ddigalon, cryfha ni; pan fyddwn ar goll, arwain ni; pan fyddwn yn wyllt ein tymer, llywodraetha arnom. A phan fyddwn yn dy anghofio, atgoffa ni dy fod o hyd gyda ni fel ag y buost yn ysbrydiaeth i'r proffwydi a'r apostolion gynt. Gwnaethost y llesg a'r ofnus yn ein plith yn gadarn a gwrol, gan gyhoeddi heb ofn yr anchwiliadwy olud sydd yng Nghrist Iesu. Trwy fedydd yr Ysbryd y crewyd yr Eglwys ar y ddaear, a gwyddom mai dim ond yn nerthoedd y Tragwyddol Ysbryd y medrwn ni wynebu ar fyd yn ei boen a'i flinder. Gweddïwn ar i'r Eglwys fod yn effro i gri'r anghenus, yn sicr ei gweledigaeth a'i hadnabyddiaeth o Dduw ac o ddynion, yn broffwydol ei gair ac yn sicr ei chenhadaeth gartref a thros y moroedd.

O! Eiriolwr mawr, yr Hwn sydd yn eiriol dros Grist ynom ac yn erfyn drosom, gwêl ein hangen a'n hiraeth, a gwrando ein cri a'n hangen parhaus am dy arweiniad, trwy Iesu Grist ein Harglwydd. "Ddiddanydd anfonedig Nef," yr Hwn a'n dysgodd i ddweud gyda'n gilydd Weddi'r Arglwydd: "Ein Tad ..."

Darlleniad o'r Ysgrythur: Llyfr yr Actau, pennod 2, adnodau 1-21.

10.   Gweddi ar Sul y Pasg.

Anodd yw i ni ddirnad yn llwyr ac yn llawn y gwirionedd a gyhoeddir yn atgyfodiad ein Harglwydd Iesu Grist. Fe wyddom er hynny na fyddem ni yma o gwbl oni bai i'r Iesu godi o blith y meirw i blith y byw. Dyma sy'n rhoddi ystyr i'n byw ni ac yn esbonio parhad dy Eglwys, O ! Dduw, ar y ddaear, ar hyd y maith ganrifoedd. Er ein hamheuaeth aml, ni ddiffoddwyd y wefr yng ngwanwyn y greadigaeth na chwaith ym mhrofiad y rhai a ymddiriedodd yn Nuw. Yn wir heb wirionedd Sul y Pasg y mae ein holl ymwneud â chrefydd yn ddigon dilewyrch. "Ac os Crist ni chyfodwyd, ofer yn wir yw ein pregeth ni, ac ofer hefyd yw eich ffydd chwithau."

Cynorthwya bob un ohonom na wawriodd argyhoeddiad Thomas y disgybl arno eto; "Fy Arglwydd a'm Duw", i'th weld y Pasg hwn. Dangosaist dy hun i Thomas. Yr oedd e'n ffodus dros ben, a dyma ydyw'n gweddi ni. Agor ein llygaid i'th ganfod yn Arglwydd Bywyd, ac agor ein calonnau i'th dderbyn yn Gyfaill sy'n glynu ym mhob storom a threialon. Rydym am gredu heddiw yng ngoruchafiaeth bywyd dros farwolaeth, gwyrth y gwanwyn ar ôl marweidd-dra'r gaeaf. A chredwn hefyd, O ! Dduw, bod yr un fuddugoliaeth i'r rhai a ymddiried yn dy fab Iesu Grist.

> "Am fod fy Iesu'n fyw
> Byw hefyd fydd ei saint."

Cysura, O ! Dduw ein Tad, y rhai ysig eu calonnau heddiw, a'r rhai sy'n hiraethu ar ôl anwyliaid. Yn efengyl yr atgyfodiad fe'n cyferchir â sicrwydd y gobaith nad y bedd yw diwedd y daith. Llefara'r heddwch wrth y rhai sydd yng nghanol anghydfod, nertha'r gweiniaid a chryfha'r llesg o galon ac o ffydd, hyffordda'r rhai heddiw sydd wedi colli golwg ar egwyddorion Teyrnas yr Iesu.

Cyflwynwn y weddi hon i Ti, y Duw Tragwyddol, Dad, Mab, ac Ysbryd Glân. Iddo Ef y byddo'r mawl a'r gogoniant, y diolchgarwch a'r addoliad ar Ŵyl y Gobaith y flwyddyn hon. Amen.

Darlleniad o'r Ysgrythur: Efengyl yn ôl Marc, pennod 16, adnodau 1-20.

11. Gweddi mewn Oedfa Bore Sul.

Ar ddechrau'r dydd newydd hwn dyrchafwn ein cri atat, O ! Dduw, a ninnau ag angen ymwared arnom. Ti a'n cedwaist trwy oriau hir y nos ac a'n dihunodd i ddiwrnod newydd yn ein hanes. I Ti, yr Hollgyfoethog Dduw, y cyflwynwn ein moliant a'n myfyrdodau ar ddechrau dydd o ymwneud â'th ddoniau ac â chymdeithas dy bobl yn yr eglwys hon. Gweddïwn am i Ti ein cadw ni heddiw eto yn ddiogel yng nghysgod dy ragluniaeth a'n tywys ni gydag Ysbryd y Gwirionedd.

Mawrygwn dy enw mai digyfnewid ydwyt, O ! Dduw, yr hwn a alwn yn fythol ffyddlon.

"O ! Fythol-ffyddlon Dduw,
Ffynhonnell pob daioni,
Cynhaliwr pob peth byw,
Ac Arglwydd llawn haelioni;
Rho iechyd gwiw i'm cnawd,
I'm henaid llwm nid llai;
Pa beth sydd well na ffawd?
Cael calon heb un bai."

A gwyddom nad oes yna brofiad i'w gymharu â'r profiad a fwynheir gennym yn awr, sef canmol gweithredoedd mawrion Duw yn Iesu Grist. Maddau i ni y medrwn ymddihatru o'r profiad hwn mor ddidrafferth. A'n dyhead heddiw'r bore ydyw am i'n profiad ohonot yn yr addoliad hwn fod yn gymorth inni yn yr wythnos sydd o'n blaenau. Dyro gymorth inni felly i gostrelu'r munudau dwys a'r moliant diffuant hwn yng nghanol anawsterau'r daith. Dyro inni weld y tywyllwch yn cilio a'r wawr wen olau ar enaid yn gwawrio.

Hwn fu dyhead cewri'r canrifoedd ac nid ydym ni yn nirgelion ysbryd ac enaid yn wahanol i'r rhai a'n dysgodd am orfoledd y ffydd Gristnogol.

Ti, O ! Dduw, a folwn am yr iachawdwriaeth fawr yng Nghrist Iesu. Y mae digon ar ein cyfer ni ac ar gyfer yr anghenus mewn ysbryd a meddwl. Aed yr Efengyl sy'n galw dynion i gredu ac i ymddiried ynot ar led nes llenwi ein byd â gorfoledd. Cyfoethoga ni â'th ddoniau hael yn awr, ac ychwanega beunydd at y rhai sy'n ymorol am y bywyd tragwyddol sydd yng nghadw ar gyfer dy saint. I Ti, Dduw Hollalluog; i Ti, fythol-ffyddlon Dduw y canrifoedd, y byddo'r anrhydedd a'r gallu a'r mawl, yn awr a byth. Amen.

Darlleniad o'r Ysgrythur: Epistol at yr Hebreaid, pennod 13, adnodau 1-16.

12. Gweddi mewn Oedfa Bnawn Sul.

Ar ddydd yr atgyfodiad nesawn yn wylaidd a gostyngedig i gydnabod yn ddiolchgar yr hyn a fuost i ni, dy blant. Deuwn gyda'n gilydd at Orsedd Gras ar hyd y ffordd a drefnwyd cyn bod amser, ac yn enw a haeddiant ein Harglwydd a'n Gwaredwr Iesu Grist. Gwyddom, ein Duw, nad oes yna ffordd arall i ni agosáu at dy Orsedd ond trwy ein Heiriolwr a'n Harglwydd Iesu Grist. Diolch am yr anrhydedd o arddel yr enw, ''yr enw mwyaf mawr erioed a glywyd sôn''. Ond diolchwn fwy am weithredoedd a gweinidogaeth Iesu Grist, Angor ein ffydd a sail ein gobeithion.

"O ! fy Arglwydd, O ! fy Mhrynwr,
O ! fy Ngheidwad, O ! fy Nuw;
Ti, fy Iesu, yw fy nghwbwl,
Ar dy haeddiant 'r wyf yn byw;
Ffrwyth dy boen, a gwerth dy aberth
Rhinwedd iawnol dwyfol waed,
Dyma wraidd fy holl orfoledd
Dyma'r Graig sydd dan fy nhraed.''

Ni allwn ond rhyfeddu a synnu at Gariad Crist yn ein croesawu ni a grwydrodd yn bell mewn meddwl, buchedd ac ymadrodd. Er hyn i gyd, y mae croeso hael i bawb ohonom yn yr edifeirwch dwys a'n meddianna yn awr. Diolch am gysuron yr Iesu i'r pechaduriaid ac i'r colledig ac mai galwad fawr ei gariad ydyw am i ni "droi a byw". Darfu i'r Mab waedu drosom ac am hynny dychwelwn yn edifeiriol atat, O ! ein Duw.

O ! am lygaid yn oedfa'r Sul hwn i weled dirgelwch dy arfaeth a'th Air, am galon i garu Prynwr Byd, am ymgysegriad i blygu i'th Ewyllys a thawelu o dan bob loes, a chydwybod wedi ei glanhau yn ei Aberth drud ar y Groes. Goleua ein meddwl â'r newyddion da sydd yn yr Efengylau, cynhesa ein bywydau â'i gariad di-ymollwng, ac arwain ni i gerdded ar hyd llwybrau y Bregeth ar y Mynydd gan edrych ar Iesu, Pentywysog a Pherffeithydd ein ffydd a chan ymnerthu yng ngrymusterau ei allu a'i arweiniad. Caniatâ i bob un ohonom gyfranogi o'i Ysbryd cariadus Ef fel y medrwn fod yn berarogl Crist i'n cyd-ddynion, er gogoniant ei Enw gogoneddus. Amen.

Darlleniad o'r Ysgrythur: Efengyl yn ôl Mathew, pennod 5, adnodau 1-16.

13. Gweddi mewn Oedfa ar Nos Sul.

Ein Tad, a thad ein Harglwydd Iesu Grist, cyflwynwn ein hunain ar derfyn y dydd hwn i'th ofal cariadus amdanom. Yr ydym yn ddiolchgar am yr hyn a gawsom yn ystod y dydd heddiw, ac y mae pob diwrnod yn amlygu dy ddaioni a'th drugaredd, dy ffyddlondeb a'th awydd i'n swcro ni yn dy ffyrdd. Mae gennyt gynllun ar gyfer pob un ohonom ac nid hap a damwain ydyw'n byw. Yr ydym yn barod i'n cael ein hunain yn cydnabod hyn ac yn deall dy ewyllys o ddydd i ddydd.

Heddiw cawsom ddiwrnod wrth ein bodd ac oedfa i gloi'r dydd yn ddiogel. Buom yn dystion byw i werthoedd yr Efengyl a chawsom gyfle heb rwystr dynol o gwbl i wrando'r Gair a phorthi ar Fara'r Bywyd. Sylweddolwn ein bod yn rhan o Genhadaeth Duw i'r byd ac yn aelodau o'i Gorff Atgyfodedig Ef ar y ddaear. Mawrygwn y dydd arbennig hwn a chyhoeddwn gyda balchder a sicrwydd mai dydd yr Arglwydd ydyw. Dydd y cofio am y Fuddugoliaeth a dydd y gorffwyso oddi wrth bob llafur a lludded. Y mae angen gorffwyso arnom ar y Sul ar ôl blinder a gofalon y bywyd prysur yr ydym yn rhan ohono weddill yr wythnos.

Llawenhawn yn y gobaith sydd yng Nghrist Iesu i'r credadun.

> "Pob gallu llawn, trwy'r byd a'r nef
> Sydd yn ei law yn awr;
> Ni rwystra gallu uffern gref
> Ddibenion Iesu mawr."

O ! Dad, meddianna ni â'th Ysbryd ac â'r galluoedd a osodaist at ein gwasanaeth. Pâr i'th Ysbryd weddnewid ein bywydau fel y byddom yn dystion glew mewn masnach a diwydiant, gartref ac yng nghanol pobl. Dyro eto i'n Heglwys a'n cenedl ddynion a merched a fydd yn aflonydd hyd oni welir egwyddorion brawdgarwch, cyfiawnder a thangnefedd yn cael eu gorseddu ym mywyd ein gwareiddiad. Ysbrydola bawb sy'n amddiffyn ein hetifeddiaeth ysbrydol, a "gwna'n Sabbathau'n ddyddiau'r nefoedd". Arwain ni at ddyfroedd bywiol y Gair ac aros gyda ni weddill y dydd cysegredig. Yn enw Iesu Grist. Amen.

Darlleniad o'r Ysgrythur: Efengyl yn ôl Ioan, pennod 1, adnodau 1-18.

14. Gweddi mewn Cyfarfod Cenhadol.

"O ! Ysbryd Glân, na foed i ni
Oleuni ond d'oleuni Di;
Ac arwain bobloedd yn gytûn
I ogoneddu Mab y Dyn."

Gweddïwn yn y cyfarfod hwn am lwyddiant gwaith cenhadol dy Eglwys ac am weledigaeth glir i bawb sy'n llywio'r mudiadau a'r enwadau ledled daear. Rhyfeddwn at anturiaeth yr arloeswyr ar hyd y canrifoedd ac am enwau'r rhai sy'n dwyn gwrhydri a dycnwch i'n cof. Ac ni fu cenedl y Cymry heb genhadon hedd gartref ac ym mhellafoedd byd, a gwireddwyd comisiwn mawr yr Arglwydd Iesu Grist lawer tro: "Ewch i'r holl fyd a phregethwch yr efengyl i bob creadur."

Gwybuom ni blant y breintiau am gyflwr adfydus gwerinoedd Tsieina, Assam, Bangladesh, Cenia a Madagascar oherwydd ymroddiad yr eneidiau dethol a glywodd am alwad Iesu Grist mewn oedfa, a chyfarfod gweddi, Ysgol Sul ac yng nghymdeithas cartrefi duwiol a da. Bu ymroddiad tad a mam, gweinidog a blaenoriaid, athrawon Ysgol Sul ac ysgol ddyddiol yn esiampl clodwiw i lawer un a dreuliodd oes gyfan yn cenhadu dros Grist ymysg yr anllythrennog a'r difreintiedig. Gwyn eu byd y rhai hyn a adawodd enw ac esiampl i ni heddiw, ac os na fedrwn ni ddilyn y llwybrau anhygyrch a gerddodd y gwŷr a'r gwragedd hyn, fe fedrwn ni i gyd weddïo, a chyfrannu a rhannu'r hanes gyda'n gilydd. Gweddïwn am i ni weld ein cyfle yn ein cylchoedd ein hunain i fod yn genhadon ac i ofalu na chaiff yr Iesu fyth ei wthio allan, oherwydd ein diffyg sêl a'n difaterwch.

Gweddïwn heno dros y rhannau hynny o'r byd lle mae anghydfod sy'n ei gwneud hi'n anodd i gyhoeddi heddwch a chymod. Ond diolchwn hefyd am arweinwyr byd ac Eglwys sy'n gwrthod tanseilio urddas dyn — dyn a grewyd ar lun a delw Duw. Gweddïwn am iddynt dderbyn dy Ras fel na ddiffydd y fflam ac fel y defnyddier hwy a ninnau yn gyfryngau'r Cymod sydd yng Nghrist Iesu. Amen.

Darlleniad o'r Ysgrythur: Eseia, pennod 40.

15. Gweddi mewn Cyfarfod Chwiorydd.

O ! Dad Nefol, disgwyliwn yn ein cyfarfod heddiw am dy gyfarwyddyd i ni a ddaeth ynghyd i fwynhau'r gymdeithas hon sy'n cyfarfod yn enw ac yn ysbryd yr Arglwydd Iesu Grist. Cydnabyddwn dy waith a'th ofal amdanom ac am gael ein cyffwrdd lawer tro ym munudau dwys ein byw. Agor ein llygaid a chynhesa ein deall i fod yn ymwybodol o'th roddion da i bob un ohonom. Moliannwn di, O ! Dduw, am rymusterau gweddi ac am ofal diddarfod dy gariad i ateb ein hanghenion. Sylweddolwn bod adnoddau dihysbydd y byd ysbrydol o'n hamgylch, a'th fod yn dal i'th amlygu dy hun i wragedd fel nyni.

Yng ngweithredoedd dy Ras darllenwn am wrhydri Debora ac am ofal Hanna dros y Samuel ifanc, am ffyddlondeb Ruth i Naomi, costied a gostio, ac am lawenydd Mair o gael esgor ar Iesu, yr hwn "a wared ei bobl oddi wrth eu pechodau". Gwelodd hi wyrthiau a rhyfeddodau oherwydd geni'r Mab bychan, a gweddïwn ninnau am i ni weld yr un cyfrinachau ag a welodd Mair, ei fam.

Bendithia, O ! Arglwydd ein Duw, heddiw bob mam sydd fel Mair yn byw i ddangos golud dy ras i'w phlant. Ni allwn beidio â diolch am i ni fwynhau breintiau aelwydydd crefyddol ac esiampl mamau ymroddedig.

Yn nechrau'r cyfarfod hwn, O ! Arglwydd, caniatâ i ni ein holi ein hunain a chwilio ein calonnau — a oes ynom bechod cudd sy'n peri i'th Air ein dwysbigo. Gwrando ein gweddi ar ran y rhai a fydd yn ein harwain ac yn ein tywys i ddeall yn well am fywyd a'i ofynion, a dyro glustiau agored a chalonnau i ymateb heddiw.

Maddau i ni, O ! Dad, pan wnawn ni fynyddoedd allan o'n blinderau, ac yn yr addoliad arweiniol hwn, cryfha ein ffydd fel y medrwn symud mynyddoedd o'n gwneuthuriad ein hunain. Trwy Iesu Grist ein Harglwydd. Amen.

Darlleniad o'r Ysgrythur: Efengyl yn ôl Luc, pennod 1, adnodau 39-55.

16. Gweddi ar Ŵyl y Nadolig.

Llawenhawn, O ! Arglwydd, yn y cyfle a gawn i gofio ystyr Gŵyl y Geni, ac am gael ein hatgoffa o'r hanes syml a weddnewidiodd y byd a dynion. Yr ydym ninnau fel Mair yn llawen oblegid geni'r Mab bychan, a llefarwn eiriau ei chân: "Y mae fy enaid yn mawrhau yr Arglwydd, a'm hysbryd a lawenychodd yn Nuw fy Iachawdwr. Canys Efe a edrychodd ar waeledd ei wasanaethyddes; oblegid, wele, o hyn allan yr holl genedlaethau a'm geilw yn wynfydedig." Meddianner ni â llawenydd y rhai a welodd y rhyfeddod, a bydded i ninnau fod yn weision buddiol a ffyddlon fel Simeon ac Anna. "Canys fy llygaid a welsant dy iechydwriaeth, yr hon a baratoaist ger bron wyneb yr holl bobloedd; i fod yn oleuni i oleuo'r cenhedloedd, ac yn ogoniant i'th bobl Israel." Yr ydym yn disgwyl ymwared fel y rhai hynny gynt yn Jeriwsalem y tystiodd Anna y broffwydes wrthynt, a dim ond yr Iesu a fedr lenwi yr angen a meddiannu ein moliant.

Gwrandawn ar gân yr angylion: "Gogoniant yn y Goruchaf i Dduw ac ar y ddaear tangnefedd ymhlith dynion," ac ymunwn gyda'r bugeiliaid, gwerin gwlad, ar eu pererindod o'r bryniau i ymyl y preseb. Eu hymateb hwy ydyw'n hymateb ninnau — addoli, diolch, cyffesu, cydnabod.

Ac unwn yn ein rhoddion i'r Iesu, ac i'n byd yn ei enw Ef. Hyffordda ni i roddi heb ddisgwyl dim yn ôl, ac arwain ni i "weled mor dirion yw Duw." Diolchwn am ddeallusrwydd y Doethion a'u hymdrech i ddeall arwyddion y Goruchaf yng nghyflawnder yr amserau. Maddau i'n byd heddiw am ddialedd a thrais epil Herod, a bod y diniwed rai yn dal i orfod ffoi liw nos rhag y bwystfil a'i ddwrn dur. Ofnwn ein hunanoldeb a'n diofalwch a'n dirmyg at y rhai bach, a dim ond ym mywyd y Crist Iesu y medrwn ni drechu ein pechodau dynol. Dyro inni ras i ddysgu fel plant bychain, a bod yn gyfryngau bendith yn dy Deyrnas. Dyro ras inni ymgysegru o'r newydd wrth ddathlu Gŵyl y Geni. Amen.

Darlleniad o'r Ysgrythur: Efengyl yn ôl Luc, pennod 2, adnodau 1-20.

17.   Gweddi ar Ddydd Gŵyl Ddewi.

Ein trugarog Dad, a thad ein cenedl a chenhedloedd daear, edrych arnom yn dy dosturi. Â'th hael ysbryd cynnal ni. Cofiwn fel y buost yn dyner tuag atom fel pobl, ac er i ni dy anghofio mor aml, eto dygaist ni i wybodaeth ohonot trwy ymroad gwŷr a gwragedd a lynodd ym mhob amgylchiad wrth yr Efengyl.

Mawrygwn di am mai gŵr a glywodd alwad yr Efengyl oedd nawddsant ein cenedl, ac am i Ti ei fendithio yn helaeth yn ei waith o wynebu peryglon athrawiaeth y tu mewn i'r Eglwys Geltaidd, yn ogystal â brwydro'n ddewr wyneb yn wyneb ag anwybodaeth a rhagfarn.

Diolchwn felly am ystyr Dydd Gŵyl Ddewi, mai cofio un o'th seintiau a wnawn. Clywsom lawer tro mai sant ydyw person sy'n caru Duw ac yn dilyn yn ffyddlon yr Arglwydd Iesu Grist. Dymunwn ninnau fod yn eu plith, ac i dderbyn nodweddion y rhai hynny a alwyd gennyt yn saint; sef ffydd fywiol ynot, O! Dduw; argyhoeddiad o arbenigrwydd Iesu Grist fel y Duw-Ddyn; dewrder yn ein proffes ac aberth yn ein crefydd. Ar Ddydd Gŵyl Ddewi teimlwn mai tannau coll yn ein telyn ydyw'r tannau hyn, ac am hynny, O! ein Tad Nefol, nertha ni i garu'r pethau a garodd Dewi fel un o genhadon efengyl tangnefedd.

Diolchwn i Ti am y glendid sydd i'w weld mor aml yng ngorffennol ein cenedl, am yr emynwyr a ganodd odlau ysbrydol peraidd, am gerddorion a briododd yr emyn a'r dôn, ac am ysgolheigion a llenorion a gostrelodd feddyliau dyrchafol yng ngwisg yr iaith a drysorwn. Dymunwn dy gydnabod yn ddiolchgar am ddiwygwyr cymdeithasol, am dystiolaeth o blaid cymod a chyfiawnder, am rai a welodd drais y blynyddoedd ond a fu'n gydwybod effro i'w cyd-ddyn. Dymunwn gadw ysbryd ac aberth ein cyndadau yn wyrddlas, a mynnwn arbed ein hiaith rhag cael ei hanghofio. Byddwn ffyddlon i Gymru, i gyd-ddyn ac i Iesu Grist holl ddyddiau ein heinioes. Gofynnwn hyn oll yn enw a haeddiant ein Harglwydd. Amen.

Darlleniad o'r Ysgrythur: Eseia, pennod 62, adnodau 1-12.

18. Gweddi ar ran Ysbyty a'r Cleifion.

Plygwn yn isel yn awr, O ! Arglwydd ein Duw, gan wybod dy fod yn ymateb i'n cri a'n deisyfiad ger dy fron. Ac mewn hyder, ffydd a gobaith o'r bywyd tragwyddol y plygwn, gan erfyn am i Ti roddi dy ysbryd hael yn ein plith a nerthu y llawfeddygon, y meddygon, y gweinyddesau a phob un sy'n gwasanaethu eu brodyr a'u chwiorydd yn yr oriau cyfyng caeth.

Credwn bod pob un sy'n iachau cleifion yn cyflawni cyfraith Crist, a diolchwn am bob llaw sy'n rhoddi eli ar ddolur. Gwyddom, O ! Arglwydd ein Duw, am ymroddiad aelodau ein Gwasanaeth Iechyd ac am y cyfrifoldeb a osodir ar ysgwyddau meidrol i ddwyn cysur a gobaith mewn dyddiau o gyfyngder. Bendithiwn dy Enw, O ! Arglwydd ein Duw, am i ni weld rhyfeddodau a darganfyddiadau y byd gwyddonol yn cael eu gosod ar waith er budd a lles y cleifion, ac am y gwyrthiau sy'n digwydd yn yr ysbytai o ddydd i ddydd. Maddau i ni, O ! Dduw, ein hanghrediniaeth, a'n diffyg diolch am yr hyn a welsom yn digwydd i'n hanwyliaid a'n cyfeillion a fu o dan driniaethau llawfeddygol.

Cyflwynwn yn awr, O ! Arglwydd, bawb a fu am hir amser yn yr ysbyty hon, a'r rhai hynny sy'n wynebu triniaethau llawfeddygol y dyddiau hyn. Cynorthwya hwy i fod yn obeithiol, ac i roddi cyfle i Ti, O ! Dduw, droi'r nos yn olau dydd iddynt. Diolchwn am bob gweithred sy'n codi o Gariad Crist ei hun yng nghalonnau y rhai a gysegrodd eu doniau, a boed i ni weddïo am fflam fywiol, nerthol a threiddgar yr Ysbryd Glân i gadw'r ysbyty fel goleuni ar fryn sy'n goleuo llwybrau'r pererinion. Mae angen iechydwriaeth ar bawb ohonom — yn iach neu'n glaf. "Cyflawna, O ! Arglwydd, dy iechydwriaeth." Boed iddo Ef fod gyda'r rhai sy'n gweithio a chyda'r cleifion mewn gostyngeiddrwydd calon ac ysbryd.

Yn ei Enw, Amen.

Darlleniad o'r Ysgrythur: Efengyl yn ôl Luc, pennod 17, adnodau 11-19.

19.   Gweddi Gyffredinol.

Bendigwn yr awr weddi hon, O ! Arglwydd ein Duw, a bendigedig fyddo dy Enw gogoneddus. Ti yn unig wyt Arglwydd ein heneidiau a'n hysbrydoedd a'n bywydau; ti a wnaeth y nefoedd, nefoedd y nefoedd, a'u holl lu hwynt, y ddaear a'r hyn oll sydd arni ac ynddi; y moroedd a'r hyn oll sydd ynddynt; a thi sydd yn eu cynnal hwynt oll; a llu y nefoedd sydd yn ymgrymu i Ti.

Ac yn awr ymgrymwn i'th gydnabod am i Ti lefaru wrthym, mewn llawer dull a llawer modd, gynt wrth y tadau a'r proffwydi, ond yn derfynol ac yn orffenedig trwy dy fab, ein Harglwydd a'n Gwaredwr ni, Iesu Grist. Cofiwn am ei eiriau o gysur i ni, grwydriaid pechadurus: "Y mae llawenydd yn y nef am un pechadur a edifarhao." Cynorthwya ni yn y gwasanaeth hwn i gyflwyno ein gorau i'r Hwn a'n carodd ac a'n prynodd yn nioddefaint ei Groes. Daw geiriau'r Iesu atom o'r newydd: "Myfi a ddeuthum fel y caent fywyd, ac y caent ef yn helaethach." Y mae croeso i bawb yn nheyrnas Iesu, beth bynnag yw ein gofidiau a'n pryderon; a gwahoddiad llawn a glywn yn awr:

"Deuwch ataf fi bawb a'r y sydd yn flinderog ac yn llwythog, a mi a esmwythâf arnoch. Cymerwch fy iau arnoch, a dysgwch gennyf; canys addfwyn ydwyf, a gostyngedig o galon: a chwi a gewch orffwystra i'ch eneidiau: Canys fy iau sydd esmwyth, a'm baich sydd ysgafn."

Diolchwn am brofiadau cyfoethog y bywyd hwn ac am i ni gael yr ymddiriedaeth arbennig a osodwyd arnom o fod yn ddeiliaid y Deyrnas. A dywedwn o'r newydd gydag un o apostolion mawr yr Eglwys Fore:

"A pha beth bynnag a wnelom, ar air neu ar weithred, gwnawn bob peth yn enw yr Arglwydd Iesu, gan ddiolch i Dduw y Tad trwyddo Ef." Cynyddwn yng ngras a gwybodaeth ein Harglwydd a'n Hiachawdwr Iesu Grist. Iddo Ef y byddo'r gogoniant, yr awr hon ac yn dragywydd. Amen.

Darlleniad o'r Ysgrythur: Salm 102.

20. Gweddi mewn Cyfarfod Gweddi.

O! Dduw, Creawdwr a Chynhaliwr pob peth byw, cerddwn yn awr ar lwybr gweddi i fynydd Seion gyda mawl ar ein gwefusau a phrofiad o ddibyniaeth llwyr arnat yn ein hamgylchynu bob eiliad o'n byw. Tegwch bro, meddai'r Salmydd, a llawenydd yr holl ddaear yw mynydd Seion, ac fel yntau gynt, meddyliwn yn awr am drugaredd a sancteiddrwydd Duw yng nghanol ei Deml. "Traetha fy ngenau foliant yr Arglwydd: a bendithied pob cnawd ei enw sanctaidd Ef byth ac yn dragywydd."

Rhyfeddwn at y modd y darparaist ar ein cyfer ni o genhedlaeth i genhedlaeth ac am sefydlogrwydd y cyfryngau sydd at ein gwasanaeth y nos hon. Gair y Bywyd o Lyfr y Llyfrau, emynau gogoneddus Seion a gweddi ddwys y pererinion. Bu'r cwbl hyn yn ein cadw ni gyda'n gilydd fel cymdeithas, yn bywhau ein proffes wan a'n hawydd i fod yn ddisgyblion ymroddedig. Gwyddom, O! Arglwydd, am yr addewid sydd i ni ac i bawb a gred yng ngrym gweddi.

"Ni fethodd gweddi 'daer erioed
Â chyrraedd hyd y nef."

Mewn cyfyngderau bywyd, mewn gwendid corff a meddwl bu gweddi dy eglwys amdanom yn gymorth i ni fyw. Yr ydym yn gwybod yn awr, O! Arglwydd, gwrandawr gweddïau y bobl, y goddefi i ni sydd yma gyfeirio at gyflwr rhai o'n plith sydd mewn anawsterau anodd a diflas. Y rhai sy'n glaf o galon ac yn hiraethus eu profiad, eraill a ŵyr am boen ac ing afiechydon, a phawb sy'n gofalu am gyflwr ac anghenion dynion yn ein gwlad, yn weinidogion, yn feddygon, yn weinyddesau, yn weithwyr cymdeithasol, yn athrawon a phawb sy'n uno yn nheulu'r gwasanaethwyr. Gwyddom mai ar bwys Ymgnawdoliad a Chymod y Crist y mae inni iechyd corff, meddwl, ac ysbryd, i gymdeithas, i genedl ac i'r byd. Mynegwn y nos hon wirionedd a'n ceidw:

"Yr aberth mawr fu ar y Groes,
A'r Iawn a roes yr Iesu,
Yw f'unig obaith ym mhob man
Daw f'enaid gwan i fyny."

Yn enw Iesu Grist, y Bugail Da. Amen.

Darlleniad o'r Ysgrythur: Amos, pennod 8, adnodau 1-14.

21. Gweddi mewn Cyfarfod Pobl Ieuainc.

Parod ydym fel pobl ieuainc i agosáu gyda'n gilydd i gydnabod Duw am ei fawr ddaioni a'i weithredoedd grasol a charedig i ni sy'n galw ar ei Enw. Gwyddom am y cwlwm sydd yn ein clymu'n dynn fel disgyblion iddo ac am y modd y'n dysgwyd i barchu'r berthynas ac i glodfori'r doniau da. Dywedwn gyda'r emynydd:

"Nid ceisio'r wyf anrhydedd byd,
Nid gofyn wnaf am gyfoeth drud;—
O! llwydda f'enaid, trugarha
A dod i mi y doniau da."

Yng nghanol ein hoen a'n brwdfrydedd galluoga ni, O! Dduw, i gael ein llwyr feddiannu gan ysbryd anturiaethus ac aberthol ein Gwaredwr, Iesu Grist. Er na allwn, yn aml, ddilyn ei lwybrau, eto y mae ein calonnau a'n meddyliau yn cydnabod na welwyd neb ymhlith plant dynion yn debyg i'n Harglwydd a'n Gwaredwr. A dyna pam, yng nghanol dyddiau o newid teyrngarwch ac o weld eilunod ein blynyddoedd yn cilio o'r neilltu, y rhyfeddwn at apêl oesol diddiwedd Mab Duw.

"O! Iesu, a fu farw
Yn ieuanc ar y groes,
Dod arnom ni dy enw
Yn awr ym more oes;
Dy air fo yn ein calon,
Dy Ysbryd yn ein gwaith;
A choron pob gobeithion—
Dy gwrdd ar ben y daith."

Cyflwynwn ieuenctid ein cenedl i'th ofal ac ieuenctid ein heglwys ni yn y lle hwn. Maddau ein llaesu dwylo yn aml yng ngwaith dy dŷ ond gwyddom y medri di ein cyffwrdd a'n defnyddio fel cyfryngau yn dy law ym mhob rhyw amgylchiad a gweithred a gyflawnwn. Gwyddom fod angen gofalu am hawliau'r ysbryd ac am gyfryngau y berthynas rhyngom â'n gilydd, sef iaith, traddodiad, cof cenedl, a chyfraniad gwerin a bonedd ddoe a heddiw. Ysgoga ein hymateb, bywha ein ffydd a rho glust i ni glywed cri'r byd a chofio'r trueiniaid a grewyd ar dy lun a'th ddelw di, O! Dduw. Na ddiffoddwn yr Ysbryd Sanctaidd. Amen.

Darlleniad o'r Ysgrythur: Epistol Cyntaf Timotheus, pennod 4, adnodau 12-16.

22. Gweddi mewn Cyfarfod Gweddi.

Helpa ni, O! Dduw, Creawdwr cyrrau'r ddaear a'r greadigaeth hardd i gyd, i ystyried ac i ganfod rhyfeddodau'r cread o'r newydd fel y medrwn mewn gwyleidd-dra ddiolch am yr hyn a gyflwynwyd i'n gofal. Braint arbennig ydyw cael ein gosod yng nghanol y fath brydferthwch a'n swyno yn barhaus gan batrymau a threfn y cyfan. Nos a dydd, haf a gaeaf, gwanwyn a hydref, hau a medi, braenaru a chasglu ynghyd, bywyd a marwolaeth — dyma ydyw rhan o'th fawr gariad tuag atom bob eiliad o'n byw.

Helpa ni, O! Dduw, i weld ac i barchu'r etifeddiaeth sydd gan ddyn yn y darlun hwn ac ar gynfas y ddaear hon. A maddau i ni mor aml yr anghofiwn warchod byd natur wrth elwa'n ddideimlad ar adnoddau'r ddaear heb gofio am yfory y ddynoliaeth. Dysg i ni felly, O! Dduw, ein Creawdwr, i weld sefyllfa a chyfle dynion; i barchu creaduriaid mud, i fwydo'r ddaear yn ôl y galw, i ymatal rhag puteinio'r awyr a anadlir gennym, ac i barchu bywyd y rhai a anwyd a'r rhai sydd heb eu geni.

Dysgwyd ni yn y Beibl bod bywyd yn gysegredig: y baban newydd anedig fel yr hynafgwr; a chawn ein dwyn o hyd ac o hyd i'r cwlwm hwnnw a'n gwna yn gyd-ddinasyddion â holl epil y ddynoliaeth. Defnyddiwn yr hyn sydd gennym er lles eraill ac arbedwn yr hardd a'r prydferth er diddanwch pobl lawer. Maddau i ni felly, O! Dduw, y Creawdwr, am ddifaterwch ein hymateb i'r byd braf y trigwn ynddo ac am ein hagwedd hunanol, gybyddlyd. Helpa ni i barchu'r blaned hon a phawb a driga arni, o bob lliw a chenedl, o bob cyflwr a gallu mewn cymdeithas, a phâr i ni wneud ein gorau i ddiogelu gwaith Duw yn ein byd. Gweddïwn am fyd lle na fydd raid i'r un genedl ddioddef gormes cenedl arall, a lle gwelir gorseddu brawdgarwch yn lle rhyfel, cariad yn lle casineb, a chyfiawnder yn lle trais. Gofynnwn am ddewrder ac ymroddiad i droi ein geiriau yn actau byw, trwy Iesu Grist, yr Eiriolwr. Amen.

Darlleniad o'r Ysgrythur: Llyfr y Datguddiad, pennod 1, adnodau 3-20.

23. Gweddi mewn Cyfarfod Gweddi.

Diolchwn, O! Dduw, gwrandawr pob gweddi, am ganiatáu i ni sydd yn y cyfarfod hwn egwyl ar y daith i'n hyfforddi yn Dy Air ac yn yr Efengyl, ac am addewid dy bresenoldeb yn y cyfarfyddiad hwn. Ac mewn angen yr agosáwn, ac mewn ymateb i alwad grasol a gwahoddiad yr Efengyl.

> "Mi glywaf dyner lais
> Yn galw arnaf fi,
> I ddod a golchi 'meiau i gyd
> Yn afon Calfari."

Calon pechadur yw'r galon hon sydd ger dy fron, ond diolch am ddarpariaeth yr Efengyl sydd wedi ei pharatoi trwy ras i fwynhau y berthynas sydd rhyngom a Thydi, O! Dduw ein Tad. Dyna a ddigwydd yn awr, a bendigwn dy Enw am hyn i gyd. O! na lwyr fendithit fi ac ehangu fy ngorwelion cul fel y gwelwn yn awr dy waith o ddwyfol osodiad yn cael ei fynegi ym mhob cyfandir trwy'r byd yn grwn. Rhyddha fi rhag fy ofnau a rhag fy amheuaeth, a dyro i mi weld yn gliriach nag erioed o'r blaen bod i bob un ohonom gyfran yng Ngweinidogaeth dy Fab, Iesu Grist. Yr ydym am gofio hefyd am waith y Deyrnas ym mhob modd, gartref a thros y môr, ac am gofio pob unigolyn a mudiad sy'n ymateb mewn gweddi ac addoliad i waith y Rhoddwr Mawr ei Hun. Gwyddom mai Iesu Grist yn unig a all ein huno fel disgyblion, a bod arnom gyfrifoldeb i weithredu ei gymod ef y tu mewn a thu allan i furiau'r eglwys hon.

Cyflwynwn hefyd yn awr bawb sy'n llesg ac yn wael, yn unig ac amddifad, yn bryderus ac ofnus, a charedigion dy Deyrnas sy'n ymgeleddu y cyfryw rai. Rhown ein hunain yn dy law a llawenhawn wrth fynegi'r newydd hwn:

> "Mae'r Iesu eto'n fyw
> A'r gwaith sydd dan ei law."

Ac yn ei enw Ef y dymunwn aros yn wastadol. Amen.

Darlleniad o'r Ysgrythur: Salm 51.